바다에서 멈춰버린 우리

바다에서 멈춰버린 우리

초판 1쇄 인쇄 | 2025년 06월 13일
지은이 | 김용덕
펴낸이 | 이재욱(필명:이승훈)
펴낸곳 | 해드림출판사
주   소 | 서울 영등포구 경인로82길 3-4(문래동1가 39)
            센터플러스빌딩 1004호(우편07371)
전 화 | 02-2612-5552
팩 스 | 02-2688-5568
E-mail | jlee5059@hanmail.net

등록번호   제2013-000076
등록일자   2008년 9월 29일

ISBN   979-11-5634-636-4

김용덕 시집

바다에서 멈춰버린 우리

자연이 내게 건넨
조용한 이야기들의 기록

해드림출판사

시인의 말

그물에 걸린 고래를

푸른 바다로 돌려보내고 싶었습니다

겨울의 흰 눈을 녹여

계곡마다 맑은 물이 흐르게 하고 싶었습니다

폐수에 떠오른 물고기를

그저 바라보는 일은

심장을 저미는 일이었습니다

하지만 노을 무렵,

갈대숲 위를 날던 철새들의 군무群舞는

내게 자유의 빛을 선물해주었습니다

오랫동안 자연과 함께 걸으며

산과 강, 들과 바다가

어머니의 품이라는 것을 문득 깨달았습니다

내가 디디고 살아가는 이 땅은

기적처럼, 모든 것이 아름다웠습니다

글을 쓴다는 것은

시간과 짝을 지어

조용히 떠내려가는 일입니다

그리고 속절없이 사라져가는 기억의 편린을

조심스레 건져 올리는 행위이기도 합니다

죽어가는 낙엽조차

살려내려는 마음,

그 마음이 곧 문학이라 믿습니다

이 시집은

그러한 믿음 속에서 탄생한

말 없는 생명들의 목소리이며,

자연이 내게 건넨 조용한 이야기들의 기록입니다.

2025년 여름

김용덕

차례

시인의 말　4

1부

바다에서 멈춰버린 우리　　14
아침 해를 걸어두고　　16
사람도 젖으며 흘러간다　　18
하늘로 가는 왕벚나무　　20
전생　　21
고행승　　22
두 바퀴로 굴러가는 새　　24
노을 투수　　26
봄의 불청객　　28
은빛 고등어　　29
안개 바다　　30
만병초　　32

2부

엄마의 자명종　36

아버지　37

황태 진국을 먹고 싶다　38

잔물결의 속삭임　40

아버지의 나무의자　42

풀잎의 말　44

사랑의 굴레　46

밤송이　48

찔레꽃　49

낙엽 편지　50

가만히, 느리게 가도 좋다　52

새벽이슬　54

3부

보리 새싹을 밟다　57

마을 숲　58

분 바위　60

두 노거수 은행나무　62

장터　64

한밤 마을　66

그대의 손　68

무제등　70

비행운　72

우시장 가는 길　74

작은 바다　75

새끼　76

4부

비슬산　　79
참으아리꽃　　80
손　　81
동백나무　　82
바다　　84
STOP　　86
젖은 낙엽보다 낮게　　88
여명의 길　　90
아버지의 누룩　　92
안개　　94
바다는 젖는다　　96
풍경　　98

5부

소나무의 울음　　102

안개꽃　　103

바다로 가는 길은 젖어 있다　　104

버섯 향　　106

산이 길을 열어줄 때　　108

술 항아리　　110

억새꽃　　112

연리지　　114

차가운 바람이 가슴에 지나갈 때　　116

굽은 소나무　　118

향기로워지기까지　　119

돌담　　120

해설　접지接地의 시학 | 김동원　　123

1부

바다에서 멈춰버린 우리

바다에서 멈춰버린 우리

알고 있는지, 우리가 숨 쉬는
이 지구가 얼마나 아름다운 푸른 별인지를

알고 있는지, 저 흐르는 검은 강물이
소중한 아이들의 입술을 촉촉이 적시던 샘물인 것을

알고 있는지, 꿈틀거리는 대륙이
살아 있는 몸이라는 것을

알고 있는지, 저 바다에 떠 흐르는
검은 기름띠가 인간이 버린 무지인 것을

알고 있는지, 드높고 고귀한 것은 모두
다른 생명과 교감할 때 빛난다는 것을

알고 있는지, 자연의 그 어떤 풀도
합성 세제로 초록을 세탁하지 않는다는 그 진실을

아, 다시 숲속 맑은 산소로 태어나고 싶다
땅 위의 꽃나무로, 바다 위 흰 구름으로, 밤하늘 반짝이는 별들로…

아침 해를 걸어두고

꽃은 맑은 얼굴이다
아침 해가 안으면 꽃은 밝은 얼굴이다

바람에게 손짓하는 꽃은
구름에게 인사하는 꽃은
벌을 사랑하는 꽃은

참 고운 처녀 같은 식물이다
그런 꽃에게 꽃대를 꺾고
발로 뭉개고 걷어차고
그것은, 하면 안 될 일이다

세상에 꽃이 없다면
세상에 나무가 없다면
세상에 흐르는 물이 없다면

참으로 적막할 일이다
마치, 동네 아이들

웃음소리가 그친 한밤중 산촌처럼

살아가는 인간사가
외로울 것이다

숲에서 지혜를 배우고
떨어지는 낙엽에서 생명을 키우고
자연의 순리로 사랑을 배울 일이다

사람도 젖으며 흘러간다

물은 나의 거울이기도 하다
흔들리면 흔들리다가

흐리면 흐리다가
물은 다시 잠잠해진다

보이고 안 보이고, 물은
나의 모순이기도 하다

물소리가 나의 내면에서 들리는
어지러운 고뇌의 물줄기임을 안다

물은 차분한 음악이기도 하다
깊게 바라볼수록 나를 돌아보게 한다

물은, 잠시 산허리를 감는 나이기도 하다
오만함을 버리고 겸손으로 가는 나이기도 하다

물은 높고 낮음이 없는 우리이기도 하다
지극히 평등한 구별 없는 세상이기도 하다

하늘로 가는 왕벚나무

사랑하는 사람은 아침 산길을 걷습니다
봄바람 왕벚나무 하얀 여인이 핍니다

그리움이 많아 아득한 저 꽃나무
추억을 속삭이며 허공을 엮어 갑니다

고목나무를 껴안고 있는
꽃가지 하나 끝까지 떨어지지 않습니다

외로운 제 한 몸 바쳐
매달려 있는 분홍빛 그 여자

구름까지 가겠다고 몸부림칩니다
실타래처럼 엉킨 인연 저리 아픕니다

하늘 끝 벼랑에 오르는 가쁜 숨소리
잃어버린 당신의 아련한 뒷모습입니다

전생

어디쯤에서 나는 나무였을 것이다

비바람과 번개에 맞서 산꼭대기 우뚝 선

그 가문비나무의 정신이었을 것이다

겨우내 묵었던 폭설의 아픔

천고千古의 시간을 견딘 고뇌였을 것이다

바다의 절벽 위에서 새벽마다 아침 해가 뜨는

그 장엄한 수평선을 바라보는

붉은 늑골의 어혈을 푸는

나는 어디쯤에서 나무의 눈目일 것이다

고행승

천둥 번개가 쳐도

쏟아지는 빗물에도

흔들리면 흔들리는 대로

가지에 걸려

비바람 속 장좌불와長坐不臥한 그 비닐봉지

번뇌 망상을 다 버린 듯,

허공에 펄럭거리며 매달린

오래된 고행승 같은 그 비닐봉지

아무도 아무도 올려보지 않는

그 빗속 노승의 면벽을

골목 귀퉁이 가스등만 쳐다본다

두 바퀴로 굴러가는 새

산길을 오르는 것은 모두 살아 있다

두 바퀴로 굴러가는 새는

저 푸른 희망의 나라에 살아 있다

이 무거운 발걸음도

저 대지 위로 달려가고 싶은 마음뿐

목마른 염원을 안고

두 바퀴의 날개는 누군가를 기다리고 있다

한 마리 새 되어 훨훨훨 날고 싶지만

살아간다는 것은 흔들리는 일

내 가슴에 흰 구름 몰려올 때

언덕 고개를 넘어서 하늘에 가까워질 때

나는 소리치리라

저 푸른 하늘은 나의 것이다, 소리치리라!

산길을 오르는 것은 모두 살아 있다

두 바퀴로 굴러가는 새는

저 푸른 희망의 나라에 살아 있다

노을 투수

투수가 던진 야구공이 갑자기 붉게 날아온다

번지며, 퍼지며 수평선 타석에 물든다

너는 섬을 야구공이라 했다

수평선 푸른 잔디 위

산봉우리마다 사랑의 베이스가 깔려 있다

아득한 저 바닷물 속에 네 옷은 젖고 있다

넘어가는 눈물 같은 너의 너울이

해풍에 심하게 흔들리고

이별은 저렇게 저문다

방망이를 휘둘렀을 때, 파도와

하늘 구름 사이 너는 웃고 있었다

딱, 소리 내며 섬은 까무룩 포물선을 긋는다

봄의 불청객

어디에서 너는 오는 것이냐
대기 속에 희뿌연 봄바람을 타고
무슨 인연으로 내 들이키는
들숨 속에서 숨어 오느냐

그 까마득한 몽골의 사막에서
그리운 소식을 전하는 너는
꽃나무에도 사람 속에도 젖어 있구나

고통 없이 지나가는 날 어디 있으랴
희뿌연 바람 부는 이 거리에서
밤하늘 별들이 거미줄을 치듯
씨줄 날줄에 얽혀 사는 우리의 삶

몸 뚫고 나오는 나무의 고통처럼
역경 없는 삶이 어디 있으랴
비바람 불어오는 너의 언덕은
노을처럼 붉은 가슴으로 물들고 있구나

은빛 고등어

푸른 고무신이 내 눈에 들어왔다

너무 작아 발에 들어가지 않는다

통통거리는 작은 공간 속에

재빨리 유영하는 고무신, 고깃배처럼 떠나고 있다

틀을 깨야 한다, 저 바다를 넘으려면

너는 파도를 밀어버려야 한다

원형 가두리에 갇혀 쳐다보는 육지

비린내에 찌든 퀴퀴한 냄새를 풍긴다

내일의 석양은 물결 위에 반짝이고

깊고 무거운 것들을 실어 내고 있다

안개 바다

섬 산 둘레 위로
피워 올라가는 안개 바다
펼쳐집니다

숲속 겨울나무들이
간밤 내린 별빛으로 젖겠습니다

서로가 서로에게 부끄러운
줄도 모르고 봄이 오겠습니다

바람이 뭍으로 부는 까닭은
그리움이 노을처럼 붉기 때문입니다

저 밤하늘 북극성에서 온 안개는
하얀 살을 드러내고 있습니다

지구는 안개 바다로 꽃이 됩니다
섬 동백이 뚝뚝 떨어집니다

지나가면 아무도 없는 그 순간에
기다리는 사람은 외로워도 좋겠습니다

만병초

휘몰아치는 마등령 폭설에서 견디었다

초草가 아니라 나무니라

그렇게 나는 바람 속에서

나로 사느니,

척박한 땅을 뚫고

생명을 피우노라, 정신의 꽃을

눈을 찌르고, 뼈를 깎아도

붉은 아침 해를 홀로 품는다

차가운 세상 앞에서

자신을 지키려면 두려워하지 말지니,

아, 겨울 냉기야, 어찌

나를 흔들 수 있겠느냐!

2부

엄마의 자명종

엄마의 자명종

새벽마다 별빛을 박음질한 엄마의 자명종

재봉틀 한 땀 한 땀 어둠이 잠들고

졸음 오는 그 여명 숙명처럼 받아들인 엄마

구불텅 구불텅 걸어갔을 그 울음의 깊이

자식 위해 헤어진 옷 무릎에 오려 붙이고

희미해진 찢어진 봉창 너머 아침이 온다

지금 구멍 숭숭난 해진 바지를 보니

울 엄마 눈물로 누빈 가슴 같다

아버지

번개가 때려도 폭풍이 몰려와도

차가운 세상 바람 다 막아주던

따뜻한 겨울 잠바 같던 어린 날 아버지

눈썹에 쌓인 싸락눈 털어주던 그 좋은 눈빛

낮달은 어디서 잘려 나가 반달로 시린

허공에 뻗은 나뭇가지엔 바람만 걸렸다

황태 진국을 먹고 싶다

누구나 눈보라 내리는 삶이 있다

고개를 넘을 때 힘든 세월이 있다

그럴 때 아름다운 사람아!

캄캄한 한밤중 어둠을 끌어안고

폭설에 얼었다 녹았다 한겨울을 넘는

대관령 황태덕장을 기억하라

허기진 배 움켜잡고 흰 눈을 밟고

어미가 끓인 뜨신 황태해장국을 떠올려라

산다는 것은 어쩌면 잔치판 같은 것

하늘 향해 입을 벌린 황태 바다 같은 것

저마다 비린내 풍기며 헤매다 가는 것

사람아! 늘 울고 가는 이를 추억하라

인정이 넉넉한 대관령 그 고갯길

황태회관 뜨뜻한 황태 진국을 먹고 싶다

잔물결의 속삭임

물가에 앉아
숲속 바람은 나뭇잎 하나 부드럽게 흔들며
말을 건다

"잘 있었느냐"고
햇살은 그 위에 앉아 숨을 고른다

나무는 철학자 같다
새는 시인 같다

초록의 말들은 시간의 꼬리를 따라가고
물 위를 미끄러지는 몇 줄기 빛

멀리, 울릉도 해안
갯바위에 부딪힌 파도

잠든 조개껍질을 흔들고
밀물은 갈매기 노래에 귀를 기울인다

나는 바다에 등을 기댄 채
오래된 내 안의 파문을 꺼내 본다

흔들리지만 무너지지 않는 것
지워졌지만 여전히 남아 있는 것

그때, 바람은 해안선 선율을 타고 와
내 귓가에 말한다

"지나간 바다는 너를 닮았구나"
조용한 언어 속에서 침묵의 물결 살랑인다

아버지의 나무의자

삼팔선 보다 더 위쪽,
백령도 삼거리 은아수퍼가
좁은 골목길을 지킨다.

작은 가게에 딸린 방안에는
지나는 차량들의 뽀얀 먼지가 덮여
엄마는 날마다 손걸레로 털어 낸다.

밀려난 새끼들은 작은 방에 가득 차고,
비좁은 가게 사이에 놓인 나무 의자에
아버지는 꾸벅꾸벅

가끔 내려앉은 눈꺼풀을 비비며
졸다가 잠든 새끼들 내려보다가
들어오는 이웃들을 반긴다.

엄마는 갯벌에 썰물이 오면
망태를 메고 날카로운 갈퀴를 쥐고 나가

산 그늘이 지워져야 굽은 허리를 편다

때맞춰 갯벌로 나가는 아버지는
망태를 받아 엄마의 그림자를 밟고 돌아와
노을빛으로 채색된
나무의자에 앉아 긴 숨을 내쉰다

눈에 노을 진 바다가 가득하고
주름들이 파도처럼 출렁인다

풀잎의 말

풀잎은 연두 말을 하다가
갑자기 여름의 끝자락에서
초록 말로 바꾼다

햇살에 드러누운 마른 풀잎은
이미 바람 따라 침묵의 말로
고요히 흐른다

나는 그제야 귀를 기울인다
갈대, 엉겅퀴, 땅 찔레
그 이름 모를 향기의 말에…

들판에 가득 누워 속삭이는
땅의 말씀은
하얀 연기처럼 마을에 피어오른다

모든 말은 아우성치고 있다
시간을 베어 불쏘시개로 삼던

산촌의 마른 풀처럼

내 마음 어딘가에 눌어붙은 말이 있다
풀잎의 마지막 노래였을까
듣는 일이 쓰는 일이라는 것을 배운다

사랑의 굴레

그녀는 어둠을 안고 잠들어 있었다

둥근 베개를 베고 창 너머 달을 본다

밤사이 바람결에 굴러가는 안개

가슴속에 품었다 내뱉었다 하였으리

달빛은 이른 새벽에 잠이 들었다

꽃잠에 안기며 내려앉는다

애틋한 사랑의 눈물 지구를 적신다

원이 엄마는 겹겹이 처진 원형 거미줄에

신화로 꽁꽁 채워져 있다

썩지도 않고 흔들리지도 않고 그윽하게

빛을 차단한 사연이 봉인되어

남편과 아이들 그리움의 사연으로

오백 년 공간 속에 부활하고 있다

밤송이

가시 같은 인생 속에 싸여서

이리저리 하늘 살피며 살아온 삶

차가운 가을비에 몸이 젖는다

지치고 힘들고 때로는 밀쳐 두고 싶지만

나를 붙들고 있는 저 찢긴 잎의 가지들

그 옛날 어머니도 날 사람 만들려고

밤낮으로 가시에 얼마나 찔렸을까

찔레꽃

그날 돌아서지 말걸
찔레꽃에 봄비는 내리는데
눈가는 젖어 있었는데

가시덤불 속에서
흰 꽃이 가물가물 멀어졌는데
볼록한 배 내밀던 청개구리 한 마리

아득한 추억이 되어버린
그 꽃빛 너머
찔레꽃은 또 피는데

가시에 찔려도 비명을 지르지 말걸
안개 속 구름에 덮인
너를 찾아 서성인다

낙엽 편지

바람의 포옹 속에서 낙엽은 여유가 된다

각자의 여행은 광활한 시간 속으로 사라진다

저 놀라운 저녁 무렵 노을의 휴식

떨어지는 낙엽 하나가 돌 위에서 쉬고

적막한 고독 속에서 인간은 외롭다

단단하고 굴하지 않고 차갑고 외로운

불모의 들판에서 옷을 갈아입는 늦가을

기도하는 뭉게구름의 은혜로운 흰색

저마다 삶을 키우며 부드러워지는 묵상

밤이 오면 달빛의 이야기가 흐르리라

겨울 흰 눈이 내리기 전 그리운 사람에게

따뜻한 마음의 편지 부치고 싶다

가만히, 느리게 가도 좋다

해가 뜨고 노을이 지는 일은
꽃 피고 새 울듯 자연스러운 일이다

밤이 오는 것도 신기하고
낮이 가는 것도 희한한 일이다

캄캄한 밤하늘 반짝이는 별처럼
온 누리 어두운 곳 비추는 일은 더 귀한 일이다

가만히, 느리게 걷는 저 노인
남의 눈치 보지 않고 천천히 가는 지혜

늦게 가나 빨리 가나 지구에선
아주 사소한 일인지도 모를 일이다

그저 저 노을을 바라보고 있어도 좋다
바람에 흔들리는 나뭇잎 꽃잎 보기 좋다

가만히 느리게 보지 않으면 닿을 수 없는 것들이 있다
가만히 느리게 들어야 닿을 수 있는 것들이 있다

새벽이슬

산안개를 두르고
새벽이슬은 구름을 품고 있다

봄바람 매화 꽃망울을 흔들며
그 향기에 마음 젖는다

노래하는 저 직박구리 새
햇빛을 데리고 마을로 온다

번뇌를 벗어 솔가지에 걸어 두고
내시는 계곡물 되어 흐르고 싶다

젖은 마음은 젖은 대로
바위 아래 지나 저 바다로 가고 싶다

3부

하늘로 가는 덩굴나무

보리 새싹을 밟다

외로운 것은 다 밟힌다
차가움에 몸이 흔들린다
어둠의 터널을 지나야 더 강하다

한겨울 폭설을 쓰고 견뎌야 한다
빈 허공 두 팔 벌려 잡아 보는 꿈
고독한 것은 사람만이 아니다

스스로 밟혀 넘어질수록 눈을 뜬다
등이 더 굽어질수록 고동치는 심장
달빛에 어둠을 밀어 올리는 푸른 싹

청개구리 울음 우는 경칩
뒷발꿈치 드는 봄 오는 소리
얼음장 같은 아낙들을 불러들인다

쓸쓸한 것은 다 밟힌다
절망을 뚫고 희망이 부푼다
별빛은 새싹의 푸른 두 손을 잡는다

마을 숲

푸른 귀를 열고 골목과
집들의 이야기를 모두 듣는

바람이 흐르는 나뭇잎에 안겨서
마을 숲은 고요히 신령한 마음을 묶는다

높은 둔덕에 느티나무 방풍림 뿌리가
듬성듬성 땅 위로 드러나

무논에 말아 올린 노인의 바짓가랑이에
앙상하게 흘러내린 종아리뼈 같다

어디 그뿐일까
저기 밭고랑 곁에 앉은

김매는 할머니 이마의 주름
늙은 나이테의 깊은 자욱이 선명하다

살아가다 지치면
수천 년 버티며 지켜온

그 수호신 앞에서, 저마다
하늘에 대고 소원을 풀어놓는다

그러면, 그 푸른 숲과 고목 가지는
흰 구름 뒷산에 매어놓고

그 든든한 굵은 당산목 한 아름
두 팔에 안기어 온다

분 바위

달빛이 하얗게 바다에 부서지는
그 광경을 보았으리

빛나는 등불이 되어
칠흑 같은 어두운 밤을 견뎠으리

안개가 번뇌와 시련을 몰고 와도
수평선 넘어 몰려오는 태풍을 이기며

아픔의 상처를 녹아내린 노을 보며
모래 벌 절벽 위에서 기쁨을 느꼈으리

소금기로 뼛속까지 절여 있지만
점박이 물범의 안식처가 되고

부리가 긴 저어새 쉼터가 되어
창망한 물결에 시린 뼈마디 물속에 들였으리

주름진 얼굴에 석화가 피어나도
우리 마음 등대가 되어 꿈을 꾸었으리

두 노거수 은행나무

노란 잎사귀 사이로 가을 햇살이 춤추었지

책 보따리 무거워도 가지에 걸어 주던 그 나무들

우리들의 꿈과 희망이 꽃 피었네

여름 초록 숲은 시원한 바람이 머물렀네

경전을 설법하던 그 큰 나무 스님

흰 눈이 내리면 수행자처럼 고고孤高하였지

구름이 지나면 두 가지를 뻗고 기뻐해 주었네

아름다운 낙엽은 운동장에서 음악처럼 굴렀네

떠들고 웃고 매달리고 뒹굴어도, 그 나무는 다 받아 주었네

다치지만 말라고, 겸손하게 살아라

우리를 깨우쳐주던 노거수 은행나무 두 할아버지

그 사랑의 나무, 지금은 베어져 하늘로 들었네

장터

산을 넘어 옛 추억의 길
장터 메기에 모여든 사람들의 숨결

어깨에 걸린 무게, 봇짐에 실린 꿈
찌든 가난과 희망이 뒤섞여 있다

한 줌의 곡식, 한 필의 천
서로의 삶을 나누던 보물창고 장터

거기는 지난날 마음의 저울이 있다
웃음과 눈물이 섞여 흐르던 풍경

아스라한 기억과 별처럼 빛나던
노전 할미 곁에 앉았던, 소녀의 예쁜 눈망울

산 너머 메아리 되어 사라져도
장터의 추억은 내 삶의 징검다리

화톳불 속 온갖 냄새와 속삭임 속에
옛 추억은 내 마음 따뜻한 불을 피운다

한밤 마을

팔공산 그 깊은 계곡 돌아

돌담에 감겨 푸른 이끼 속삭이는 곳

달빛이 키운 마을 인심 넉넉한 곳

흰 구름산 둘레 뻐꾸기 우는 한낮

비바람 몰아쳐도 굳건히 서 있는 느티나무 고목

역사의 아픔을 품은 돌담길 사연 돌아

묵묵히 서서 마음을 어루만진다

소나무 숲, 그늘 속 빛이 되어

옹이마다 새겨진 시간의 흔적

맑은 물 숨 쉬는 생명의 샘

소중한 전통 한밤 마을 걸으며

오늘도 나는 옛사람 그리워 노래한다

그대의 손

따뜻한 아침 햇살이 초가집 오두막에 걸렸습니다

그 집 대문에 갓 꼰 지푸라기 줄에는 구름이 흐르고

어젯밤 내려온 달빛이 지붕에 앉았습니다

황무지 언덕 위 외롭게 서 있는 나무처럼

바람은 들꽃을 지나 그렇게 태어납니다

나는 누에처럼 산 뽕잎을 먹으러 밭으로 갑니다

연두와 초록을 지나 내 몸은 투명해집니다

우리는 모두 나비처럼 고운 날갯짓을 퍼덕이며

푸른 하늘로 끝없이 끝없이 날아오릅니다

긴 세월 동안 자연보호를 위해 애쓴

그대의 손 잊지 않겠습니다

언제나 따뜻한 그 봉사 정신 가슴에 새깁니다

빛나는 그대의 눈빛이 아니었으면

이 아름다운 한국의 숲과 꽃을 누가 피우겠습니까

그 누가 위대한 자연을 우리의 아들과 딸에게

소중히 남겨 줄 수 있겠습니까

아! 넉넉한 그대의 마음 천년 긴 강물을 이룹니다

무제등

어디쯤에서 죄가 풀릴까
비학산은 알리

쩍쩍 갈라진 저 논바닥
타들어 가는 농심

비손, 비손, 비손, 비손
혼불로 쌓아 올린 무제등 돌 제단

불이 물을 부르는 저 소리
동해 바다 수평선은 알리

비나이다, 비나이다, 비나이다
먹구름 부를까, 천둥 번개를 부를까

등 붙은 저 어린 자식의 몰골
밥그릇 수북이 빗물 차길 비나이다

* 무제등 : 포항시 북구 신광면 학가산 산마루 무제등(428m). 이 재에 오르면 탁 트인 동해

비행운

가물거린다는 것은
잃어버린 빛을 찾아가는 길

허공 속 저물어가는
붉은 노을빛 닮는다는 것

떠나면서 아쉬움
보내면서 그리움

너의 체온을
우주의 품으로 안는다는 것

흔들리는 바람에
시린 손잡고 너의 이름을 부른다

아른거리는 밤하늘 별빛처럼
은하수 작은 점 하나 되어

별똥처럼 허공에 떨어지는
내 쓸쓸한 이순耳順의 백내장

우시장 가는 길

들풀 향기에 코를 벌름거렸네

흙 내음새 좋아 발걸음은 취했네

작은 잎들은 그의 속마음을 아네

차가운 냉기를 지르밟고 가는 길

그의 발자국 어둠에 얼어있다는 것을

왕방울 두 눈은 달빛에 젖어 있었네

산길 넘어서는 가쁜 숨소리에

되새김 쌓인 감정을 토해내고 있었네

어린 것 두고 온 어미 마음 젖은 눈빛이었네

한 줌의 생, 세상 건너가는 길 위에 있었네

작은 바다

어둠 속 바위 구멍
빛도 없는 삶처럼 바닷물에 젖는다

파도가 수평선에 리듬을 칠 때
어부의 심장은 뛰노니, 그 아침의 호흡이여!

세월의 흔적을 담아낸 작은 바다
희망을 잃은 젊은이여, 일어나라!

태양은 쳐다보는 자의 것
조금씩 앞으로 나가는 자의 것

용오름 날개를 드리우듯
젊은 가슴을 활짝 펴라

사는 것이 늘 겨울이 아니듯
청춘은 설레는 미지의 세계!

새끼

나뭇잎 철근을 밟고
새벽 공사장에
제일 먼저 나온 거미

밥줄을 친다

저도 자는
새끼를 두고 일을 나와
살아야겠다고 흔들댄다

이쪽 나무에서 저쪽 나무로
방사선 길을 내며
중참도 잊은 채 열심히다

목구멍이 하늘이다

4부

비슬산

비슬산

너는 분홍으로 온다
달빛의 젖은 눈물방울을
초록의 몸에 떨어뜨리면서 온다

대견봉 그 붉은 노을을 타고
천왕봉 구름에 둘러싸여
불타는 꽃 향연에 어울려
진달래 처녀의 향기 되어 허공에 번진다

산 절벽 끝에 매달린 대견사 석탑
차가운 바람에 꽃대 흔드는 풍경소리
그리움의 화경花經으로 온다

산사의 물고기 목탁 소리에 깨어나
자욱한 안개 속 헤엄을 치고
너는 꽃잎의 설렘으로 온다

참으아리꽃

산 너머 휘파람 소리 들리네

그늘진 곳 드리운

그 언덕에서 하얀 두 손 움켜잡았네

덤불 속 가느다란 줄기 달고

부끄러운 눈빛은 청단풍 가지에 걸어두고

바람개비 펼치며 옹송그리고 떨었지

가슴에 품은 달빛 어둠 속 번지는데,

그녀는 바람 부는 쪽으로 흘러갔네

달무리 젖은 그 아득한 밤

뻐꾸기 우는 뒷산 너머 사라졌네

손

그립습니다. 그 솔향이 바람에 실려 오면, 거친 손바닥엔 송진이 묻어 들판의 산 그늘 내음이 났으니까요. 슬그머니 당신은 내 작은 손을 잡곤 하였지요. 얼마나 무거웠을까요. 그 산 고개를 넘나들며 머리에 이고, 들고, 오로지 가족을 위해 당신은 사셨지요. 끈적이는 송진으로 이어진 모자母子의 두 손은 흔들리지 않습니다.

그 어떤 모진 세월에도 우리만의 매듭이 되었으니까요.

송진이 배인 그 따스한 손이 여전히 내 안에서 숨을 쉬고, 삶의 모든 길목에서 나를 지켜줍니다. 당신의 황톳빛 손, 그 갈라진 틈새에 스며든 사랑. 오늘도 내 가슴에 남아있습니다. 진한 솔향처럼, 저 언덕의 검푸른 소나무의 기상처럼, 이 가을 아침을 떠받쳐줍니다

동백나무

수평선이 저 푸른 바다에 놓여 있듯

나는 절벽에 서서 밀물을 온몸으로 안아줍니다

소금기 가득한 찬 겨울바람이 불어도

모래가 흔들리고 파도가 몰아쳐도

나는 여기 이 자리에서 떠나지 않습니다

깊은 바다 한복판에 뿌리내린 해초처럼

서녘 하늘 번지는 붉은 노을을 보며 묵묵히 견딥니다

나의 존재는 넘실대는 세파에 흔들리는 몸을 맡기고

스치는 모든 것을 받아들이는 것

가장 혹독한 폭설에도 붉게 피어나

이 땅의 차가운 숨결을 덮어줍니다

때로는 외롭고 때로는 고된 하루지만

나는 나의 중심이 되어 붉게 붉게 꽃핍니다

바다

그 깊은 속은 몰라도
그 끝을 알지 못해도

파도가 밀려와 지워버린
모래 벌 발자국처럼

밀려왔다 밀려가는 너울의
말 없는 침묵

하늘이 내려준 물의 무게
육지의 무거운 숨결에 닿아

바다는 언제나 받아들이는
넉넉한 어머니의 품

늘 맑고 깨끗이 살라는
그 푸른 바다의 말

그리움과 상처를 덮고
다시 밝게 살아나는 아침 해

스스로 깨끗한 나의 바다
넉넉함을 알고 있는 위대한 바다

STOP

강줄기처럼 흐르는 삶도
한 번쯤 멈추어 거슬러 오를 줄 알아야 한다

무엇을 위해 그렇게 달려가는가
무엇을 남기고, 무엇을 떠내려 보냈는가

가을바람에 낙엽은 떨어지는데
우리의 발길은 어디로 가고 있는가

진실은 느린 물방울 속에서
깊이 스며드는 태엽 시계 같은 것

땅 깊이 뿌리내린 나무처럼
한 번쯤 그 자리에 서서 깊이를 볼 줄 알아야 한다

먹구름이, 해일이, 기후가 이제 그만
STOP이라고 외치는 소리를 들어야 한다

눈을 뜨고 귀를 열어야 한다
느린 걸음 속에 꽃 피는 소리를 들을 줄 알아야 한다

젖은 낙엽보다 낮게

젖은 낙엽보다 더 낮게
세상은 따뜻해져야 한다

바람조차 스치지 못할 그곳에서
나는 나를 내려놓는다

사람들은 높음을 노래하고
구름은 조용히 내려가라 하고

나는 물이 가는 길을 따라
침묵의 사색을 한다

좌절은 폭설 같고 역경은 비 같아
나를 적시고 지나가지만

젖은 낙엽은 아래로 아래로
자꾸만 젖으라 한다

뿌리에서 새잎 틔우는 지혜를
저 바닥 위에 오체투지로 절하는

젖은 잎들은 나를 향해
푸른 하늘을 품으라 말한다

여명의 길

저 굽이도는 언덕길을

누가 엿가락처럼 휘어 놓았나

추운 겨울 폭설 내리는 길목에서

나는 희망의 꿈을 꾸었노라

쉼 없는 좌절 속에서

생의 한 조각 불씨를 부여잡고

열정으로 역경을 뚫고 나왔노라

날선 칼처럼 살에 베인 고통이 닥쳐와도

그 어떤 것도 내 앞을 막지 못하였노라

오늘, 저 길 끝에 서서히 여명이 떠오르고 있다

오, 하늘이여! 내 심장에 붉은 태양을 비추라

아버지의 누룩

고두밥은 아버지에게 별빛이었다
꼭두새벽 자갈돌 길 걸어가실 때
차가운 어둠 속 누룩곰팡이와 말 나누던
아버지는 외롭지 않았다

황색 곰팡이가 잘 익어
불콰하니 취하는 날은, 아버지는
흥얼흥얼 절로 노래하셨다

주름살로 절여 있는 큰 항아리 굴리며
아슬아슬하게 삶의 실타래 엮어 왔을
그 투박한 아버지의 등

부글부글거리는 효소가 자식인 양
기다리고 또 기다리던
아버지는 술 향기처럼 아득하였다

해그림자 볼 날도 없이

캄캄한 새벽에 나가 밤늦게 쓸쓸히 돌아오시던
아버지는 황색 효소 곰팡이가 서린 혼이었다

안개

발은 안개다

저 우주에서부터 지구까지 걸어온

두 발은 안개다

비는 내리는데,

나뭇가지 위에 걸린 검은 꽃 하나

빗속에 펄럭펄럭거린다

어디서 비바람 타고 왔는지,

허공에 무어라고 외치는

검은 비닐은 안개다

찢어지고 헤어진 양심 한 조각

인간의 발은 검은 꽃 안개다

바다는 젖는다

바다는 여자처럼 젖는다

떠나가는 배처럼 그녀는 젖는다

흔들리는 그 마음의 파도를 지나

말할 수 없는 수평선에 젖는다

그물에 걸린 아픔을 털어내고

슬픔의 바다 밑 가라앉은 고래처럼

엉킨 닻은 아래로 아래로 젖는다

그곳에 닿기를 고대한 밤

사소한 웃음을 놓칠 수 없던

그녀의 눈빛은 여전히 빛나는데

생의 굽이마다 그림자는 젖는다

이 아침 햇살이 붉게 젖듯

아픈 흔적을 태우고 해는 솟는다

풍경

바람의 경전을 읽다

탑돌이 하는 절간 푸른 종소리

허공만이 무늬가 없구나

이 깊은 시구 하나

끝이 보이지 않는 길 위에서

마음은 어디로 흘러가야 할까

산이 흐르지 않으면

물이라도 흘러야 한다는 것을

보리암 종소리 들으며 알았다

막막한 윤회의 시간을

노을 붉은 저녁 바다 법문

들으며 알았다

5부

바다로 가는 길은 젖어 있다

소나무의 울음

왜, 그렇게 되었는가?
푸르러야 할 능선에
누렇게 바랜 소나무의 한숨
수천 년 지켜온 청청한 생명
손톱보다 작은 재선충 하나가
저 산의 푸른 꿈을 무너뜨린다
왜, 이렇게 되었는가?
솔수염하늘소의 날갯짓에
침묵의 병 수액도 흐르지 않는
무지한 인간의 멈출 줄 모르는 탐욕
고사목은 버섯 품에서 다시 흙이 되려 한다
그것은 끝이 아니라 또 다른 시작
왜, 저렇게 되었는가?
숲의 다양한 바람의 노래를 들어보라
이제, 다시 살려야 한다
한 나무가 아닌 더불어 살아가는 지혜를
죽음 속 생명의 순환이 깃든다는 것을
나는 묻는다,
너희는 자연과 어떻게 공존할 것인가?

안개꽃

하얀 꽃이 날린다
비 사이 어둠은 내리는데
나뭇가지 위에 걸린 하얀꽃

바람 타고 대지를 뚫고
솟아오르는 용오름인가
먹구름 안개 속을 나는

날개 걸린 흰두루미인가
우산 내려놓고 자세히 가보니
어디서 비바람 타고 왔는지

안개꽃 가지에 걸렸다
찢어지고 헤어진 비닐 한 조각
그 나무 숨을 헐떡인다

바다로 가는 길은 젖어 있다

젖은 것들은 모두 숨을 깊이

들이쉰다 바다로 가는 길은 고요하다

검푸른 물결이 온몸을 감싸고

생의 뒤쪽에 물 주름을 펼친다

젖는 것들은 모두 손끝으로 생명을

더듬는다 거친 물살을 뚫고 오르는 숨

노란 줄 하나에 의지한 채

수평선 위로 솟구치는 물 위에서

해녀는 거친 숨비소리를

낸다 손끝에 전해지는 바다의 온기

젖는 것들은 추위 속에서도

자식을 위해 길을 떠나는 일

어제도 오늘도 오랜 기다림으로

삶을 건져 올리는 그녀의 물갈퀴

*바다 속에서 노란 끈 하나로 생명줄을 입에 물고 의지하며 살아가는 해녀
**숨비소리 : 해녀가 잠수했다가 물에 떠오를 때, 숨을 내뱉는 소리. 휘파람 소리처럼 삐익 하고 높은 소리가 난다.

버섯 향

산비탈 길을 오르며
참나무는 전생의 업業을 키운다

가파른 들숨에 마른 나무가 요동친다
구름으로 가는 버섯 향으로

어릴 적 올가미를 던져 개구리를 잡던 기억
소리 없이 머리 쪽으로 낚아채는 순간

제 물갈퀴가 걸려든 줄도 모르고
달아나던 발길

스스로 걸려드는 줄도 모른 채
올가미에 걸린 개구리는

몸 한 번 제대로 펴보지 못한 채
그저 끌려가고 있었다

어디로 가야 하는지도 모른 채
노을은 서쪽으로 넘어가는데

올가미에 걸린 개구리처럼
참나무도 스스로를 지키지 못한 채

버섯 향을 높이 멀리 날려 보내지만
그럴수록 더욱 조여드는 몸

이승은 저승으로 가는 길
그의 숨결 속에서 번진 마지막 숨결

산이 길을 열어줄 때

저 눈보라 휘몰아치는
백두대간 끝자락
지리산 장터목 대피소에 서면

겨울 찬 바람 눈꽃 너머로
나를 깨닫게 된다

험한 길 걸어온 자
지친 어깨를 내려놓은 자
새길을 열고 싶은 자

뜨거운 라면 한 그릇에
세상의 이치를 깨닫는다

길을 잃고 길을 배우는
길을 찾고 길을 나누는

눈 덮인 능선 너머

산 능선 지혜를 익힌다

밤하늘 가득 별빛이 반짝이면
번뇌의 어둠이 사라지고

새벽녘 천왕봉 너머
붉은 태양 진리의 아침 새긴다
아, 지리산 품속에서 나를 찾으리

술 항아리

아버지의 하루는 막걸리 한 사발로 시작된다
그 사발 속에는 삶의 무게가
밥술만큼이나 무거웠으리라
어둠의 새벽 소쿠리 위로 흐르던 땀 줄기
그 속에 씻겨 나가던 당신의 고단함
누룩의 향기는 아버지 손끝마다 흔적이 깃든다
항아리 속에 슬픔을 쏟아내고 다짐을 채우던 아버지
당신의 엉킨 인생의 실타래는
누룩처럼 부글부글 끓었으리라
양조장 허름한 한쪽 구석에서
가족의 생계를 품은 희망에 취했으리라
당신은 그곳에서 식은 점심을 먹고
웃음을 잃지 않으려고 부단히 싸웠다
삶의 굽이마다 뜨거운 눈물이 흘렀지만
항아리 속 막걸리처럼
발효된 가족 속에 그 깊은 맛이 났다
오늘도 아버지의 막걸리는 사람들 목울대를 타고
꿀꺽꿀꺽 한 사발 행복을 넘기다

지혜와 장인의 혼이 깃든 커다란 술 항아리
아버지가 남긴 시간은 멈추지 않고
내 삶의 길 위에서 숙성되어 익어가고 있다

억새꽃

그도 생각이 많으리라
억새 끝자락에 조용히 기대는
눈발은 하염없이 내려앉는다
폭설의 어머니가 되었다가
하얀 그녀의 꽃이 피었다가
이내 스며들 듯 사라진다
따스한 숨결 한 줌에
촉촉한 기다림마저 녹아내리고
서성이는 바람이 스치면
흰빛은 흔적 없이 흩어진다
그도 저 허공에 누우리라
오두막 굴뚝 위로
연기 한 줄기 피어오르듯,
손등에 스민 번뇌와 고뇌를 벗어두고
하늘로 흩어지는
한 조각의 꿈이 된다
한순간 머물렀다 사라지는 꽃
그리움도 기다림도 언젠가

녹겠지만, 그녀는 여전히
찬 겨울바람 속에 서 있다

연리지

아득한 하늘에서 우리의 만남은 시작되었으리

바람 너머 구름을 너머 붉은 노을의 색실처럼

청실홍실 풀었다 감긴, 영원히 알 길 없는 인연이여

안개 자욱한 숲속에서 고요히 귀를 열면

그대 물 흐르는 소리 물관을 타고 올라오네

삶은 허공을 만지듯 아련하고 그리운 것

떠오르는 아침 해 잠을 깨우듯 우리의 꿈도

찬란히 들꽃의 향기를 전해 주리

그대 생각하며 슬픔도 기쁨도 포근히 감싸는 시간

밤이 오고 별이 빛나면, 따스한 그대 가슴에 잠들리

꿈속에서라도 웃음 짓는 그대 모습 그리며

천 년의 해와 달 뜨고 져도

결코 놓지 않을 두 손의 온기로 지상에 남으리

차가운 바람이 가슴에 지나갈 때

흰 눈은 흰 눈의 전설이 쌓이고

차가운 바람이 가슴을 스칠 때

지리산 능선에 기대어 묻는다

나는 어디쯤 서 있는가

이 산의 끝에서 길을 본다

하늘과 땅이 하나가 된 지리산 산장

발길 닿는 곳마다 폭설의 이야기들

저마다 무게를 내려놓고 걷고 걷는다

홀로 가는 길은 깊은 침묵의 바다

두고 온 발아래 시간의 조각들

어둠 속에서 길을 잃고, 찾고

첫 새벽 산길 올라 조용히 눈을 뜬다

구름 속에서도 태양은 빛나고

차가운 바람 가슴을 쓸고 지나갈 때

나는 또다시 새길을 찾아 하산한다

굽은 소나무

그 옛날 조부님처럼 저 굽은 소나무도
논두렁 내려보며 논어를 몇 소절 읊고 있다
자연스레 논둑으로 흘러드는 물길은
땅이 시키는 대로 시문詩文을 짓고 있다

하늘이 그리울 땐 구름을 드리우고
달빛이 그리울 땐 달무리 드리우고
가고 오는 농부들 쉼이 되는
저 구불텅 허공 가는 굽은 소나무

모내기 들판에 한창때는
참 먹는 그늘이 되어주고
개구리 떼창에 귀가 먹먹해지면
노을빛 붉어 좋은 여름밤이 된다

굽이굽이 휘어진 다랑논처럼
삶도 구부러져야 오래가듯
굽은 소나무 그늘이 그리울 때
남풍에 내 마음 실어 산 너머 띄운다

향기로워지기까지

겨우내 잠들던 뿌리에서
나뭇잎이었거나
줄기였거나
알싸한 냄새가 난다

밤별이 있어 외롭지 않고
숲속 참죽나무 잎과 더불어
노을 쪽을 바라보다

꽃대도 없이 자라
모두 겨울잠을 털지 못하는 사이
가장 먼저
노란털눈 기지개켜며 태어난다

생강, 그 아릿한 향으로
긴 어둠 속 할퀴어온 생채기를 덮을 때까지
저 깊은 뿌리는
잿빛 삭막한 시간을 그렇게 보여준다

돌담

혼자서 돌담길 걷는다
바람은 들판을 건너오고

담쟁이덩굴 마른 잎 떨구는
골목길 생각에 잠겨 걷는다

외롭고 막막한 길
돌담 새 비치던 등불을 기억한다

슬프고 가파른 길
굽어진 인생길을 걷는다

수없이 걷던 이 길
그 사이 새어 나온 바람도 숨죽인다

담쟁이덩굴 잎에
어둠이 흐르면 그리운 등을 켠다

길이 길을 만나면
우리는 덜 외롭다

해설

접지接地의 시학

김동원 | 시인·평론가

접지接地의 시학

김동원 | 시인·평론가

들어가는 말 - 몸과 서정

김용덕은 온몸으로 자연보호를 실천해온 시인이다. 1990년대 이후 생태학적 상상력을 바탕으로 펼쳐진 생태·환경 시의 흐름 속에서 그는 자연과 인간을 하나의 몸으로 연결된 존재로 바라본다.

전시대의 서정과 서경敍景의 패러다임을 지혜와 통찰로 승화시키며, 사물의 내면과 깊이 교감하는 시적 감각을 드러낸다.

그의 시는 스쳐 지나가는 일상의 풍경을 응시와 관찰을 통해 정신의 형상으로 물화物化한다. 또한, 근대 과학 문명과 산업화가 야기한 환경오염 문제에 대한 비판적

시선을 견지하며, 생명 중심적 시선을 통해 세상을 향한 따뜻한 시선을 유지한다.

특히 '맨발 걷기'라는 일상의 실천에서도 그는 생태학적 감수성을 읽어낸다. 이는 단순한 운동이 아닌, 하늘과 땅, 그리고 인간의 몸이 하나로 연결되는 '접지接地'의 생명 사상으로 이해된다.

그에게 있어 생태는 철학이자 시의 출발점이다. 그는 지구와 인간이 같은 생명체임을 강조하며, 온난화와 황사, 자원 고갈과 환경 파괴를 향해 단호하게 「STOP」을 외친다.

이번 시집 『바다에서 멈춰버린 우리』는 세 가지 축을 중심으로 전개된다.

첫째, 인간·문명·사회·자연의 관계를 문명사적 시각에서 조망하며, 바다·물·바람·햇빛·숲 등 자연의 원소들을 시적 재료로 풀어낸다.

시의 비유를 통해 독자를 깨달음의 세계로 이끈다. 이

러한 시적 알레고리는 인간 중심적 사고를 반성하게 하며, 자연과의 관계를 되묻는다.

둘째, 고향과 부모에 대한 그리움을 애틋한 서정시로 표현한다. 「술항아리」는 삶의 그늘 속에서도 자식을 위해 자신을 희생한 아버지의 부성을, 「어머니의 자명종」은 모성의 섬세한 울림을 그려낸다. 사랑과 기다림의 시편들은 잊혀진 삶의 진실을 향한 시인의 고요한 접근이다.

셋째, 시적 정서의 기저에는 현실의 체험과 사실성이 뚜렷이 자리한다. 그의 시에는 사람 냄새가 난다. 유년 시절의 「우시장 가는 길」이 펼쳐지고, 자잘한 들꽃들이 행간에 피어난다. 좋은 서정시가 그렇듯, 그의 시 세계는 언제나 구체적이다.

그의 시어에는 세찬 풍파를 뚫고 나아가는 힘이 있다. 폭설 속에서도 의연히 걷는 뚝심, 자연의 감춤과 들춤을 언어로 담아내는 성찰이 담겨 있다. 그는 '느림의 미학'을 통해 현대인의 바쁜 발걸음을 멈추게 하며, 삶의 재발견과 사라져버린 것들에 대한 그리움을 형상화한다.

 현실의 이미지에서 정밀한 묘사를 끌어내며, 단순성과 감성을 통해 복잡한 상징의 구조를 풀어낸다. 그의 시는 고통을 통과한 진통의 소리로 진실 너머에 닿는다. 과잉된 수사 대신, 정서의 회복에 기초하고 있으며, 단절과 비약이 아닌 넉넉한 가슴으로 세계를 품는다.

 그의 시는 고향이라는 공간 속에서 내면의 고백과 타인과의 공감을 이끌어낸다. 고향은 곧 기억과 정서의 샘이며, 치유의 언어가 태어나는 장소다. 살다 보면 누구에게도 말할 수 없는 비밀이 있게 마련이다. 그 답답한 심회를 풀어주는 통로가 시다.

 그의 시는 자연을 통해 세계의 부조리를 드러내고, 행과 연 사이의 긴장과 갈등을 해소하며 독자와 소통한다. 누구든 한 줄 읊조리면 공명하는 시, 그것이 김용덕의 시다. 때로는 뜨거운 사랑과 이별의 노래가 들리고, 봄날 뒷산의 뻐꾸기 소리가 아득하게 울린다.

궁극적으로, 그의 시에는 고향을 떠난 자의 결고튼 연민과 몸부림이 있다. 그 몸부림이 곧 삶의 증거이며 시가 존재의 진실에 다가가는 방식을 보여준다. 그의 시는 생태적 인식과 감성, 체험과 서정이 조화를 이루는 이 시대의 소중한 시적 자산이다.

푸른 별 지구

지구가 아프면 인간도 아프다. 이번 김용덕의 시집 『바다에서 멈춰버린 우리』에서 가장 주목할 시상詩想은, 자연에 대한 사랑이다. 인간과 숲의 공존을 꿈꾸는 그의 생태시는 새로운 인문학의 출발이다. 얼마 전 광란의 산불에서도 보았듯 인재人災는 송두리째 우리의 삶을 황폐화한다.

동식물의 서식지가 순식간에 잿더미가 되는 것을 목격하면서, 모두 두려움에 떨었다.

불에 타버린 나무와 숲을 보고 있으면 가슴이 저려온다. 들꽃과 계곡의 맑은 물과 새들의 노래를 다시 들으려면, 수십 년은 족히 걸릴 것이다. 정말 인간은 '이 지구가 얼마나 아름다운 푸른 별인지를' '알고'나 있을까. 그의 「바다에서 멈춰버린 우리」는, 지구가 '살아 있는 몸이라는 것을' 절실히 깨닫게 한다.

> 알고 있는지, 우리가 숨 쉬는
> 이 지구가 얼마나 아름다운 푸른 별인지를
>
> 알고 있는지, 저 흐르는 검은 강물이
> 소중한 아이들의 입술을 촉촉이 적시던 샘물인 것을
>
> 알고 있는지, 꿈틀거리는 대륙이
> 살아 있는 몸이라는 것을
>
> 알고 있는지, 저 바다에 떠 흐르는
> 검은 기름띠가 인간이 버린 무지인 것을
>
> 알고 있는지, 드높고 고귀한 것은 모두
> 다른 생명과 교감할 때 빛난다는 것을
>
> 알고 있는지, 자연의 그 어떤 풀도
> 합성 세제로 초록을 세탁하지 않는다는 그 진실을

아, 다시 숲속 맑은 산소로 태어나고 싶다

땅 위의 꽃나무로, 바다 위 흰 구름으로, 밤하늘 반짝이는 별들로…

- 「바다에서 멈춰버린 우리」 전문

고대 문명은 자연과의 조화를 꿈꿨지만, 산업혁명 이후 인류는 자연을 착취와 정복의 대상으로 삼았다. 무분별한 '나무'의 남벌은 결국 인간의 '들숨'을 고통스럽게 하였다. 태평양 한가운데 플라스틱 섬은 경악을 금치 못한다.

그것은 오직 '인간이 버린 무지'에서 촉발하였음을 돌아보게 한다. 최근 지구온난화로 인한 뜨거워진 지열은 북극이 녹는 지경까지 이르렀다. 해수면이 오르고 도처에 화산이 폭발하고, 쓰나미가 몰려와 태평양 작은 섬은, 점점 사라지고 있다.

정말 인간들은 모르는 걸까? '드높고 고귀한 것은 모두 / 다른 생명과 교감할 때 빛난다는 것을'. 그리고 '자연의 그 어떤 풀도 / 합성 세제로 초록을 세탁하지 않는다는 그 진실을' 외면하는 걸까.

달에서 찍은 푸른 별(지구)은 얼마나 아름다운가. 지구가 죽으면 인간이 죽는다는 엄혹한 이치를 요해了解해야 한다. 그리하여 우리는 '다시 숲속 맑은 산소로 태어나'야만 한다.

시인의 말처럼 '땅 위의 꽃나무로, 바다 위 흰 구름으로' 다시 거듭나야 한다. 먼 훗날 후손에게 자랑스러운 생태적 인간으로 기억되려면, 지금 바로 지구가 인간의 집임을 명지해야 한다.

사모곡

이번 김용덕의 시집 『바다에서 멈춰버린 우리』에서 또 다른 주제는 '사모곡'이다. 어머니와의 고통스러운 현실을 행간에 새기는 일은 아프다. 시공을 초월하여 사모곡은 언제나 감동과 울림을 준다. 특히, 시 「손」은 서정시의 압권이다.

공감과 외연을 확장하는가 하면, 잃어버린 어미와의 상처를 어루만져 준다. 물론 시가 다 해석될 필요는 없지만, 이 시는 읽는 순간 우리의 가슴을 움직인다. 피상적

인 관념의 세계를 뛰어넘어 삶의 한복판을 관통한다. 좋은 서정시는 지나온 추억을 반추하며 애틋한 연민과 몸부림이 있다.

그의 「손」은 이야기 구조로 짜인 화법이 일품이다. '나'의 안과 '어미'의 창窓을 통해 풍경으로 엮여 있다.

'솔향이 바람'에 실려 와 소곤거리는 '모자母子의' '모진 세월'을 안아준다. 그런 슬픈 '산 그늘 내음'은 읽는 독자의 가슴을 뭉클하게 한다.

    그립습니다. 그 솔향이 바람에 실려 오면, 거친 손바닥엔 송진이 묻어 들판의 산 그늘 내음이 났으니까요. 슬그머니 당신은 내 작은 손을 잡곤 하였지요. 얼마나 무거웠을까요. 그 산 고개를 넘나들며 머리에 이고, 들고, 오로지 가족을 위해 당신은 사셨지요. 끈적이는 송진으로 이어진 모자母子의 두 손은 흔들리지 않습니다.

    그 어떤 모진 세월에도 우리만의 매듭이 되었으니까요.

    송진이 배인 그 따스한 손이 여전히 내 안에서 숨을 쉬고, 삶의 모든 길목에서 나를 지켜줍니다. 당신의 황톳빛 손, 그 갈라진 틈새에 스며든 사랑. 오늘도 내 가슴에 남아 있습니다. 진한 솔향처럼, 저 언덕의 검푸른 소나무의 기상처럼, 이 가을 아침을 떠받쳐줍니다

– 「손」 전문

어미의 '거친 손바닥'에 싸인 어린 아들의 '작은 손'은 천륜의 숭고함이 있다. 아무도 알지 못하는 '모자'만이 느낀 기억의 장소가 있다.

시는 이렇게 인정의 길을 가다가 문득 만나는 것이다. 생사의 모래벌에 사금을 캐는 정성으로 찾아야 시가 보인다.

「손」은 '모진 세월' 모자母子의 정리情理가 '매듭'으로 이어진 곡진함이 좋다. 오직 어미는 '가족을 위해' 밤낮으로 가난과 싸웠다. 휘어진 등에 자식을 짊어진 '당신'의 삶은 '얼마나 무거웠을까'.

노동의 실존을 직시할 때 시가 태어난다. 특히 서정시는 공감의 장소이자 상처를 치유하는 성소聖所이다. 좋은 시는 보는 순간 가슴이 먼저 안다.

김용덕의 「손」은 어미로부터 아들에게로 전해지는 외

로움의 어조語調가 쏠쏠하다. 그의 산문시의 아름다움과 유장한 내재율은 행간에 그리움의 정서로 생생하게 전달된다.

계시啓示

천천히 걸어야 시가 보인다. 현대인은 너무 빠르다. 세월의 다리 위에 서서 숲을 흔드는 바람을 볼 여유가 없다. 복잡한 마음을 지워야 시가 태어남을 알지 못한다. 시는 언어로 업業을 씻어내는 작업이다.

김용덕의 서정시는 지나친 단절과 압축보다는 의미와 연결에 무게 중심을 둔다. 그는 행과 연을 건너다 잠시 '쉬어가는 여유'가 시임을 암시한다.

그의 서정시는 모두에게 행복과 즐거움을 준다. 그리움의 언어는 가을 파스텔화처럼 아련한 색조에 물들게 한다. 노을 무렵 우수수 떨어지는 가로수에 앉아 그의 시를 읽으면, 사랑하는 이에게 「낙엽 편지」를 쓰고 싶다.

'인생은 광활한 시간 속으로 사라'지는 붉은 노을에 비견된다. 구름의 말이 들리고 지나가는 여인의 눈짓에서 시를 볼 때, 비로소 시인이 된다. 그의 가을은 고백과 중얼거림으로 응답한 서간의 형식을 띤다.

    바람의 포옹 속에서 낙엽은 여유가 된다

    각자의 여행은 광활한 시간 속으로 사라진다

    저 놀라운 저녁 무렵 노을의 휴식

    떨어지는 낙엽 하나가 돌 위에서 쉬고
    적막한 고독 속에서 인간은 외롭다

    단단하고 굴하지 않고 차갑고 외로운

    불모의 들판에서 옷을 갈아입는 늦가을

    기도하는 뭉게구름의 은혜로운 흰색

    저마다 삶을 키우며 부드러워지는 묵상

    밤이 오면 달빛의 이야기가 흐르리라

겨울 흰 눈이 내리기 전 그리운 사람에게

따뜻한 마음의 편지 부치고 싶다
- 「낙엽 편지」 전문

  김용덕에게 세계는 매 순간 변화하는 시의 보고寶庫이다. 그에게 사물과 풍경은 나타났다 사라지는 환幻이다. 하여, '돌 위에서 쉬고' 있는 '낙엽'을 보려면, 잠시 가던 길을 멈추라고 충고한다. '적막한' '고독'만이 인간의 외로움을 승화시킨다.

  그는 '늦가을' '들판'에서 '불모'의 쓸쓸함을 보라고 독백한다. '묵상'만이 더 높은 '삶을 키우며' 인간이게 함을 일깨운다. '달빛의 이야기가 흐르'는 가을밤은, 얼마나 시적인가.

  우리는 모두 '겨울 흰 눈이 내리기 전 그리운 사람에게 / 따뜻한 마음의 편지'를 부쳐야 한다. 그의 외로운 정서는 기억의 실꾸리를 '풀었다 감았다' 하며 리듬을 만든다. 시인은 누구나 늦가을 숲속에 서면, 어디로 가야 할지 몰라 나무 사이를 서성이게 된다.

사랑하는 그녀가 숲속에 있는 것처럼 시인은 오래 두리번거리게 된다.

사부곡

그의 이번 시집은 신산고초辛酸苦楚하다 가신 '아버지'에 대한 곡진한 효孝가 빛난다. 사부곡은 고대 시가, 시조, 자유시의 중요한 특징 중 하나이다. 망부가亡父歌와 그 궤를 같이하는 사부곡은, 현대시에서도 종종 주제로 나타나곤 한다.

이 시는 가족의 뒤 그늘에서 말없이 희생한, 양조장에서 업무를한 아버지의 외로움을 밀도 높게 그렸다. 전통 대가족 하에서 가장의 역할은 지대하다. 현대 사회는 부父의 역할이 많이 축소되었지만, 여전히 자식의 버팀목 역할을 한다.

시 「술 항아리」는 눈물 없이 읽을 수 없는 수작이다.

아버지의 하루는 막걸리 한 사발로 시작된다
그 사발 속에는 삶의 무게가
밥술만큼이나 무거웠으리라
어둠의 새벽 소쿠리 위로 흐르던 땀줄기
그 속에 씻겨 나가던 당신의 고단함
누룩의 향기는 아버지 손끝마다 흔적이 깃든다
항아리 속에 슬픔을 쏟아내고 다짐을 채우던 아버지
당신의 엉킨 인생의 실타래는
누룩처럼 부글부글 끓었으리라
양조장 허름한 한쪽 구석에서
가족의 생계를 품은 희망에 취했으리라
당신은 그곳에서 식은 점심을 먹고
웃음을 잃지 않으려고 부단히 싸웠다
삶의 굽이마다 뜨거운 눈물이 흘렀지만
항아리 속 막걸리처럼
발효된 가족 속에 그 깊은 맛이 났다
오늘도 아버지의 막걸리는 사람들 목울대를 타고
꿀꺽꿀꺽 한 사발 행복을 넘기다
지혜와 장인의 혼이 깃든 커다란 술 항아리
아버지가 남긴 시간은 멈추지 않고
내 삶의 길 위에서 숙성되어 익어가고 있다

-「술 항아리」 전문

「술 항아리」는 무수한 후회로 점철된 자식의 심중이 잘 드러나 있다. 원래 시라는 놈은 지나온 길을 언어로 지워주는 작업이 아닌가.

때론 아픔과 상처를 치유해 주기도 하고, 영원히 풀 길 없는 심회를 덮어주기도 한다. 새벽마다 '막걸리 한 사발'로 시작하는 아버지에 대한, 김용덕의 연민은 쓸쓸하다. 기억을 구부려 '사발' 속에 삼켰을 아비의 눈물을 어루만진다. '양조장 허름한 한쪽 구석에서 / 가족의 생계를' 책임졌을 당신을 떠올리며, 그는 아비의 그늘진 삶을 회억回憶한다. 그의 「술 항아리」앞에 서면, 그저 뜨뜻하고 뭉클한 감동이 밀려온다.

육친에 대한 정精이 '목울대를 타고 / 꿀꺽꿀꺽' 넘어가는 막걸리처럼 서럽기도 하다. 그렇겠다. '아버지가 남긴 시간은 멈추지 않고' 이제 그의 '삶의 길 위에서 숙성되어 익어가고 있다'

나가는 말

이번 김용덕의 시집 『바다에서 멈춰버린 우리』는 시편마다 따뜻한 서정과 생태시의 진면목이 빼곡함을 보았다. 다수의 고향 산천의 이야기와 부모에 대한 효도 시편은 읽는 이의 마음을 극진하게 한다.

젊은 날 자연보호 운동에 뛰어들어 이십여 성상星霜을 넘긴 그로서는, 기후 변화와 환경오염에 대해 할 말이 많은 듯하다. 그런 측면에서 「고행승」은 생태시를 떠올리게 하는 착상이 기발하다.

나뭇가지에 걸린 '비닐봉지'를 '번뇌 망상을 다 버린' 수행승으로 의인화한 점은 독창적 시안詩眼을 확보하였다. 그의 기억 속에는 숲과 나무와 꽃들의 이야기들이 한아름 피어 있다. 서정은 읽는 독자에게 무한한 상상력을 확장한다.

그는 '보리암' 「풍경」을 통해 시작법의 정곡을 찌른다. 그에게 '바람'은 법문이자 '경전'이며, '허공'을 만지는 한 물건으로 시화詩話 된다. 옛 시인은 '모래를 일어 사금을 캐는 것보다 글자 밭을 헤쳐 아름다운 시구 찾기가 더 힘들다.(정몽주)'고 술회한 바가 있다.

정말이지 그의 시를 읽고 있으면 앞도 뒤도 돌아보지 않고 자연 사랑에 매달린 내공을 느낄 수 있다.

김용덕의 시 「전생」은 묘사가 기가 막힌다. 전생에 그는 '생강나무'에 핀 '알싸한' 꽃이었나 보다. 이런 식물적 상상력은 '긴 어둠 속 할퀴어온 생채기들'에 '고인 늑골의 어혈을' 풀어 준다.

「은아 수퍼」는 서사적 구조로 잘 짜여 있다. 체험일 수도 있고 아닐 수도 있는 이런 풍경시는 오랜 응시와 관찰로 심화된다.

'골목길 작은 가게'인 은아 수퍼를 통해, 안과 밖의 세계를 이야기 형식을 빌려 형상화하였다.

바다 여행을 통해 얻은 활달한 시 「황태 회관」은 그의 시적 내공이 호락호락하지 않음을 짐작케 한다.

끝으로 촌철살인의 시구로 묘처를 얻은 「새끼」를 감상하면서 마칠까 한다.

나뭇잎 철근을 밟고
새벽 공사장에
제일 먼저 나온 거미

밥줄을 친다

저도 자는
새끼를 두고 일을 나와
살아야겠다고 흔들댄다

이쪽 나무에서 저쪽 나무로
방사선 길을 내며
중참도 잊은 채 열심히다

목구멍이 하늘이다

- 「새끼」 전문

   현장에서 체득한 사업가의 예리한 안목이 유감없이 발휘된 시 「새끼」는 '밥줄'이야말로 인간 생존의 근본임을 밝힌다. 이런 실존적 인식은 김용덕의 수많은 시에서 나타나는 공통된 주제이다.

'나뭇잎 철근을 밟고 / 새벽 공사장에 / 제일 먼저 나온 거미'를 통해 노동자의 심중을 꿰뚫었다.

거미줄은 밥줄의 다른 은유이며 이것은 '새끼'를 굶지 않게 하겠다는 세상 아버지들의 일념이다.

이 시 행간 속에는 비가 오거나 폭설이 퍼부어도 아랑곳하지 않고, 컴컴한 새벽에 공사장을 향하는 가장의 비장미가 숨어 있다. 그런 모든 행위의 출발은 새끼들의 '목구멍이 하늘'이기 때문이리라.

그 밖에도 김용덕의 시는 자신의 정체성 찾기를 통해 끝없이 삶과 투쟁하고 갈등한다. 그에게 '집'과 '밥'과 '어머니'는 하나의 몸이며 시의 테제(Thesis)이다. 일어나는 사건을 중심으로 시간적 흔적을 새겨 넣는 그의 시적 방식은 원형 공동체의 아름다움을 최고의 조화로 여긴다.

현실의 참혹함이 있는가 하면, 예리한 환경 비판을 거침없이 찌른다. 그렇다. 그의 시적 상상력은 체험에서 체득한 것이며, 그만이 갖고 있는 감성과 울림으로 독자를 파고든다. 서정은 기억의 지층에서 발견한 시인의 어룽

진 마음의 무늬다.

어쩌면, 그는 시간과 공간의 주름 속에서 자신만의 흔적을 언어 속에 새기고 싶었는지도 모른다.

경境을 매개로 계界를 논한다는 것은 한국 미학의 오래된 전통이자 품격이다.

마음의 느낌을 심오한 언어의 경지로 끌어올리는 방식은 인간만이 할 수 있는 사유와 깊은 통찰이다. 우주는 그 자체가 천문天文, 지문地文, 인문人文이며 한 편의 아름다운 시이다.

지나친 수식과 기교를 멀리하며, 진실한 감정이 자연스레 흘러넘칠 때까지 기다리는 것이 좋은 시다. '그러므로 조용히 생각을 모으면 천년 세월도 접할 수 있고 천천히 얼굴을 움직이면 만 리를 내다볼 수도 있다(「神思」).'

하여 우리는 이번 김용덕의 시집 『바다에서 멈춰버린 우리』를, '경계의 시학', 혹은 '인간과 자연 사이' 비밀 찾기로 규정한다.